El Autismo Transforma

Un camino para transformar vidas

Ramiro Roldán Torres, Ph.D

Editorial

90daysoulmate.com, LLC

New Jersey, USA

Diseño de la Cubierta:

www.90daybook.com

1ra Edición: U.S.A (2013)

Corrección: Carolina González

www.carolinagonzalezarias.com/

ISBN: 978-0-9848000-5-6

Editorial:

90daysoulmate.com, LLC

Contenido

Dedicatoria

A mi familia:

A mis padres por ser el pilar de todo ésto. Lo que yo soy, se lo debo a ellos, por brindarme toda mi educación, tanto académica, como de vida, y por su apoyo incondicional.

A Dios, por darme la oportunidad de vivir y estar siempre conmigo en cada paso que doy, para fortalecer mi corazón y por poner en mi camino aquellos que han sido mi apoyo y compañía a lo largo del período de estudio.

Mi familia hermosa, maravillosa, que a lo largo de mi vida ha sido mi gran apoyo y se merece todo mí reconocimiento.

A mis hermanos Ruth, Galo, Beatriz, Vinicio, Aurora, Janeth y a mi hijo Alfredo.

Para mis maestros y amigos, quienes me han dirigido y guiado en esos momentos difíciles, a través de sus enseñanzas, demostrándome que sí podría lograr este objetivo.

Quiero agradecer a todos los autores, conferencistas, maestros y pastores cuyos libros y mensajes me han inspirado en estos temas.

Otros reconocimientos.

Mis deudas de gratitud son muchas, primero gracias a Dios por la oportunidad que un ser humano con muchos defectos como yo, pueda proporcionar un poco de bienestar a muchas familias.

Expreso mi reconocimiento y gratitud a Lisett Guevara, Vinicio Roldán, Martha Carrillo y mi hermana Sor Ruth Roldán quienes fueron responsables de colaborar con el éxito de este proyecto, en donde dedicaron muchas horas para revisar, mejorar, corregir y editar este libro. Gracias por sus valiosos aportes y oportuna contribución.

PRÓLOGO

Durante más de diez años, he tenido el privilegio de trabajar con familias que tenían algún hijo autista. Me invitaron a sus hogares, compartieron conmigo sus problemas, a veces tristezas y a veces triunfos y me hablaron de sus hijos.

La tecnología educativa para los niños con autismo se hace cada vez más sofisticada y me alegra por los avances y resultados que hasta ahora se han visto. Cuando he trabajado con estas familias, creciendo con ellas, he tenido la oportunidad de conocer más el ámbito familiar en donde se desarrollan estos niños con autismo. Con frecuencia, nos centramos tanto en las intensas necesidades educativas del niño con autismo que tendemos a pasar por alto las necesidades de los demás miembros de la familia. Sin embargo, cuando escucho las voces de estas personasen los grupos de apoyo a las familias o en entrevistas individuales, veo la necesidad urgente de obtener más información. Esa necesidad me hizo tomar conciencia para escribir este libro para padres, maestros y profesionales. En donde juntos podremos observar que si se puede lograr logremos podremos observar que si se puede lograr adelantos, tanto en los niños con autismo como con sus respectivas familias.

Espero que les resulte útil para afrontar las necesidades de todos los miembros de la familia.

Aunque en este libro solo figura mi nombre como autor, son muchas las personas que han contribuido a su realización. En primer lugar quiero agradecer a todas las familias que a lo largo de los años me han brindado su ayuda y confianza en su vida familiar. He ocultado con mucho cuidado la identidad de cada miembro de la familia para proteger su intimidad. Cuando lean estos párrafos, recuerde que la gravedad del trastorno de los niños con autismo y su grado de retraso mental varía mucho.

Habiendo trabajado con constelaciones familiares muy variadas, creo que la mayor parte de la información que se presenta será útil para cualquier familia, con independencia de su estructura. No obstante, es evidente que el progenitor sin pareja que ha de educar a una hija o hijo con autismo sin la valiosa ayuda de un compañero o compañera, o la familia en la que uno de los miembros ha de aprender a formar parte de una familia previamente establecida y hace suyas las responsabilidades con respecto a un niño o niña con autismo se ha de enfrentar a exigencias especiales.

Cualquiera de estos casos, ya sea que se trate de un progenitor sin pareja, de la pareja del progenitor biológico, de la persona adulta que tiene a su cargo a niños en custodia o de un padre adoptivo, atribuye exigencias y retos que no son fáciles de llevar pero que con la asistencia especializada podrán manejar mejor cada situación. La consulta profesional con respecto a los muchos problemas que se presenten será beneficiosa para la familia en cuestión.

El profesional puede ser Psicólogo, Psiquiatra, Trabajador Social o Consejero, que tenga información adecuada para ejercer la orientación, y mejor aún si el profesional ha trabajado con personas o familias con casos de autismo. Una forma de encontrar a la persona adecuada puede consistir en acudir a una asociación local relacionada con el autismo o consultar a otras familias que hayan tenido la experiencia de una buena terapia, al maestro o maestra del niño o a una pediatra.

Introducción

En el difícil momento en el que una familia recibe el diagnóstico de autismo comienza a formarse una larga lista de preguntas, dudas e inquietudes en la mente de padres y familiares. Las principales, por supuesto, serán si la condición tiene cura, si será posible que su hijo alcance una vida normal, si podrá ser independiente algún día, en fin, comienza un camino de preguntas en busca de respuestas.

Mucho se ha escrito sobre el autismo, pero nunca será suficiente. Los padres y familiares de niños con trastorno del espectro autístico cada día exigen más y más información. Necesitan que se les aclaren dudas, que se le brinde apoyo en un proceso que resulta difícil por lo inesperado que llega una situación así a la familia. Incluso requieren, más allá de la información técnica y científica que médicos y terapeutas puedan aportarle, información que les dé la esperanza de que algo bueno pueda lograse y de que cada día podrá ser mejor.

Así como se ha escrito, se ha investigado y se ha publicado, también se han instalado mitos que son difíciles de eliminar, pero que con la información adecuada y la difusión correcta pueden ir desapareciendo, aclarando situaciones que afectaron a los padres de los niños con esta condición durante mucho tiempo.

Uno de estos mitos era la supuesta relación existente entre el autismo y la falta de atención o amor por parte de sus padres. Si una cosa ha quedado clara luego de años de investigación, es que si bien el autismo es un desorden con causas multifactoriales, una de ella no es imputable a una posible falta de muestras de cariño, o desatención por parte de los padres. El sentimiento de culpa que por tantos años tuvieron que cargar estos padres afectó seriamente las posibilidades de recuperación de los niños y retrasó por mucho tiempo los estudios acerca del autismo. Todo por una idea sin asidero científico ni práctico.

Pasamos de una era oscura en que a los niños con capacidades diferentes se les clasificaba como <<retrasados>>, <<problemáticos>>, <<malcriados>>, a nuestros días en los que, a pesar de que no se saben las causas reales de su aparición, el autismo es estudiado seriamente y los niños con el desorden son tratados como se merece, cada día más. A medida que las familias de niños autistas y sus terapeutas, sigan logrando avances importantes, los estigmas que por tantos años llevaron los niños y sus familias se acabarán por completo.

Mucho se ha avanzado, hay que decirlo. Muchos niños con trastornos del espectro autista han presentado mejorías impresionantes con la introducción de cambios en sus hábitos alimenticios. Es importante conocer cómo la eliminación de ciertos elementos como el gluten o la caseína de la dieta pueden provocar mejorías en la condición de estos niños. Claro está, ningún estudio ha sido concluyente, pero la presencia de mejorías en gran parte de los niños a quienes se les ha cambiado la dieta, da pie para seguir investigando.

Al escribir este libro mi objetivo es llegar de una forma sencilla a los padres y familiares de niños con autismo. Ayudarles a identificar señales y acudir al especialista al tener una sospecha, pues la atención temprana, sin lugar a dudas, es lo más recomendable. Asimismo quiero que encuentren una mano amiga que les indique que no están solos en el camino, que no son los únicos que están transitando por esta vereda llena de obstáculos, que somos muchos los preocupados por este tema y que al compartir información estamos creando una red de ayuda fuerte y útil para todos.

Espero que quien lea estas páginas encuentre una idea que lo lleve a mejorar un poco su situación. Que la manera sencilla de presentar este texto les invite a manejar mejor ciertas circunstancias, corregir conductas sin prejuzgarlas, y celebrar cada avance por más pequeño que pueda parecer. En el mundo autista cada detalle es un universo en sí mismo.

Si bien es cierto que no existe aún una cura para el autismo, pero es importante y necesario decir a los padres que con la educación apropiada, la intervención de los especialistas adecuados y la aplicación de las terapias requeridas para superar ciertas conductas y episodios, es posible mejorar sustancialmente la vida de una persona con autismo y por consiguiente de su grupo familiar. No hay fórmulas mágicas, ni recetas milagrosas. Cada niño es diferente, el conjunto de señales y manifestaciones serán diversas en cada uno, por lo que la atención debe estar dirigida a sus características individuales.

Cada mente de un niño autista es un universo lleno de percepciones y sensaciones diferentes a las que tenemos las personas catalogadas como <<normales>>. El mayor secreto está en tratar y logar sumergirse en él, comprenderlo desde adentro, enfatizar con esa forma de percibir el mundo que tiene un niño autista. Desde ese punto particular, desde esa nueva perspectiva, será posible comprender más ese mundo y por lo tanto manejarse mejor dentro de sus circunstancias.

Capítulo 1

Enfrentar la Verdad

Capítulo 1: Enfrentar la Verdad

<<Lo primero que experimentas es una gran opresión en el pecho. Esa sensación de querer llorar, pero al mismo tiempo se te queda todo atrapado allí, contenido>>. Cuando conversaba con la madre de un niño con autismo, ella me comentaba con sus propias palabras:*<<Luego de ese primer impacto, lloré todo un día y por supuesto lo primero que hacía era reclamar y gritar:¿Por qué a mí? Que te digan algo así es muy doloroso. Te hiere de muchas maneras y es un dolor que llevas contigo todos los días. Sabíamos que algo pasaba, claro que sí. Uno presiente que las cosas no van bien, que hay detalles que no son "normales", pero no nos atrevíamos a decirlo en voz alta ni a comentarlo con nadie. Ponerlo en palabras y darlo a conocer era hacerlo realidad y nos negábamos a eso>>.*

<<Cuando algo así te sucede, siempre esperas que al despertar todo haya cambiado. Esperas al menos una señal que te diga que las cosas no serán igual que ayer, que la angustia de los días pasados quedarán en el recuerdo. Pero cada minuto te muestra que algo hay allí, que aunque no lo

entiendas, ni encuentres nadie que te lo explique, existe, está ahí, solo esperando el momento de recibir el golpe, el cual te vencerá de una vez o será un motivo para luchar más fuerte. Nunca piensas que te sucederá a ti, que es algo que le pasa al amigo de un amigo, o en dado caso en una película, pero nunca a ti. Hasta que llega el momento y te das cuenta de que eres el protagonista de una historia que nunca pediste vivir>>.

La tarea de ser padres no viene explicada en ningún manual. De niños nuestra educación no contempla ninguna materia que se llame ¿Cómo ser un buen padre y no fallar en el intento? Aunado a esta falta de preparación, si al llegar el momento, el hijo tan esperado nace con algún problema de salud que indique futuras discapacidades, las expectativas, los sueños, los escenarios imaginados se caen como un castillo de barajas y da paso a un inmenso dolor sumado a una gran desesperanza.

En estos casos, la familia, sin duda, comienza un camino de miles de obstáculos, no solo por la situación de salud, sino por todas las implicaciones que tiene producto de la sociedad en que nos movemos en la que muchas veces este tipo de realidades se hacen invisibles y solo perceptibles para quien las vive. No solo tendrán que enfrentar un escenario difícil, sino que el entorno no hará más fácil la situación. Se sentirán observados y muchas veces juzgados, comenzando por la familia quien con una visión limitada del asunto, tenderá a proponer explicaciones y a veces hasta soluciones restándole quizá importancia a un problema que a su parecer puede parecer <<exageración de unos padres primerizos>>.

<<Lo más difícil es no saber qué pasa y pretender que tal vez las actividades normales con otros niños harán encajar las piezas. Pero el comparar el comportamiento de tu hijo con otros de la misma edad, te sacude y trae de nuevo a la realidad que tienes enfrente. Salir al jardín delantero de tu casa, ir al parque, ir a una fiesta familiar se convierten en experiencias frustrantes. ¿Qué tiene tu niño? ¿Cuántos años tiene? ¿Por qué no habla? Preguntas sin mala intención que hacen más real la situación y no te queda más que seguir buscando respuestas. Las mismas que no puedes dar a

quienes te preguntan y que con esperanza esperas que algún especialista te podrá contestar>>.

Este testimonio puede representar una de tantas miles de historias que plantean madres que viven la misma situación. Es un camino al que entran sin solicitarlo, pero que tendrán que seguir recorriendo cada día, salvando cada uno un obstáculo diferente.

A continuación muestro algunas frases que nos hacen sentir la experiencia de muchos:

<<Sospeché que mi hijo tenía autismo porque no jugaba con los otros niños de la familia. Siempre había visto la relación entre mis sobrinos y al observar el comportamiento de Manuel, se me vinieron a la cabeza miles de imágenes que había

visto en películas o que había escuchado comentar>>.

<<Comencé a atar cabos cuando me di cuenta de que pasaba el tiempo y mi hijo no decía nada. Algunos de mis sobrinos tardaron en hablar, pero no se parecía en nada a lo que yo estaba viendo. David parecía no tener interés en comunicarse, le daba igual si le hablábamos o si no lo hacíamos. Sabía que no era sordo porque se balanceaba cuando escuchaba música y solía sobresaltarse cuando había un ruido repentino>>.

<<Otros padres me decían que era un niño modelo porque no molestaba, no pedía nada como lo hacían los otros niños. Para mí era vital que lo hiciera, me desesperaba no poder comunicarme con él, no tener tan siquiera una mirada que me dijera algo. Yo sabía que algo estaba mal y estaba segura de lo que tenía>>.

Las características especiales del autismo, particularmente las relacionadas con las dificultades en el ámbito de la comunicación y afecto, provocan en los padres confusión e inseguridad porque no saben cómo actuar y se frustran ante cada intento fallido de romper la barrera que les impide relacionarse de una manera efectiva con sus hijos. La incertidumbre causada por la falta de diagnóstico es una de las cargas más pesadas para los padres. El recorrer consultorio tras consultorio sin lograr dar con la respuesta a las actitudes de su hijo no solo conlleva el retraso de un tratamiento que puede llevarlos a avances considerables para sus hijos, sino que los afecta a ellos mismos en su salud física y mental.

En esta primera fase, recibir el diagnóstico adecuado es importante, tanto para los padres, como para el niño autista. En este punto los padres sienten una especie de alivio al ver que la primera parte de su búsqueda ha terminado, se liberan de la incertidumbre de no saber qué camino tomar y comienzan a entender y encontrarle sentido a lo que hasta ahora habían observado en su hijo. Por otra parte, se comienza otra búsqueda, esta vez del especialista adecuado a la condición diagnosticada así como información de calidad y el camino indicado para la más óptima educación para su hijo.

Es muy importante en esta etapa de enfrentar la verdad, que los padres consigan al especialista indicado, un profesional responsable que se involucre y empatice con ellos acompañándolos en el camino sin perder la objetividad, ayudándolos sobre todo a discriminar y filtrar tanta información que se encuentra a la mano de los padres, a través sobre todo de Internet, que pudiera resultar contraproducente o inclusive confusa y desalentadora.

Es normal en la primera etapa, en la que se conoce el diagnóstico, donde los padres asuman la situación como una especie de duelo porque de un momento a otro pierden al niño que esperaban tener, sobre el que se había soñado y al que se veía en el futuro. Nada de eso va a pasar pues ese niño imaginado no existe. Esa angustia y dolor que se genera es muy parecido al estado de duelo. Es importante asumirlo sin prejuicios, y sin culpas.

El proceso de adaptarse es complejo y duro, pero es necesario hacerlo. Los padres necesitarán tiempo para poder dejar ir la idea del hijo que esperaban y asumir la realidad que les toca vivir. Con la ayuda adecuada no solo para el niño sino para los padres, estos deberán lograr dejar de ver la situación con dolor. Dejar el duelo atrás y entregarse al proceso en el que irán cambiando muchas pautas mentales que tenían hasta el momento.

La ayuda especializada es vital en esta etapa ya que unos padres sumidos en la depresión y sentimientos derrotistas no podrán alcanzar ningún logro positivo para su hijo. Es importante que se entienda la necesidad de buscar la ayuda adecuada para los padres, son ellos los que necesitarán de todas sus fuerzas y mente clara para asumir los obstáculos y desafíos que cada día encontrarán en el camino.

Siempre hay recompensas

A pesar de lo tortuoso del camino, el proceso que comienzan los padres los llevará a cambiar internamente y obtendrán por la experiencia una nueva visión de la vida y sus acontecimientos. Las pequeñas cosas, esas que para la mayoría de los padres son normales en el desarrollo de sus hijos, se convertirán en momentos de gran alegría que irán permitiendo, logro a logro, que comprendan su lugar y misión en la vida. Cualquier avance, cualquier cambio que pueda significar un paso adelante, es motivo de alegría y de orgullo por ese ser que vino a este mundo consiguiendo más obstáculos que los demás, por lo que superar cada pequeño escollo significa mucho más. Para los padres de niños con autismo el día a día siempre trae algo nuevo: una actitud que no se había detectado antes, un movimiento nuevo, una expresión distinta. Hasta las risas y miradas adquieren un significado especial. Todo es un logro para ellos y para sus hijos.

<<*Me encantaría que mi hijo corriera a la puerta cuando llego y me diera un abrazo contándome todas las cosas que ha hecho, los juegos que ha jugado, los cuentos que ha inventado en su imaginación, pero cuando te dicen claramente las condiciones de tu hijo y las limitaciones que tendrá para llegar a cumplir esas cosas que sueñas aprendes a mirar todo desde un nuevo punto de vista. Sabes que tu hijo es especial y todo lo que haga será especial. Ni mejor, ni peor que los demás. Llega un momento en el que no lo comparas más con el niño del vecino o el que viste en el parque. Simplemente lo miras cada segundo como ser humano único y singular que tienes en tu vida*>>, dice Laura, madre de un adolescente autista.

Cuando se conversa con padres de niños autistas los escenarios descritos, las experiencias, las situaciones a pesar de ser cada una muy particular, tienen mucho en común. Sentimientos y sensaciones se repiten en la inmensa mayoría de aquellos con quienes hablamos.

Una situación común es la incertidumbre de no saber que pasa con su hijo. La mayoría intuye desde temprano que algo pasa, que su hijo es diferente, pero no saber lo que realmente ocurre es lo que más angustia a los padres.

Según los padres, una vez diagnosticados de una manera profesional es más llevadero afrontar el día a día, que desde ese momento se convierte en un trabajo por mejorar y conseguir pequeños logros de mucho significado. Por eso es importante –dicen- la difusión de información sobre las señales que pueden indicar a la familia la presencia del autismo para poder acceder a un diagnóstico temprano.

Una de las cosas que han aprendido los padres entrevistados es que necesitan ayuda y apoyo lo cual no es algo para avergonzarse. El trabajo constante en pro de los avances de su hijo provoca un gran estrés que puede afectar la salud de los padres, el no saber lo que realmente puede suceder en el futuro.

Aceptar un poco de ayuda puede bajar estos niveles lo cual es positivo tanto para ellos como para los hijos. Aparte de la ayuda que pueda brindar la familia cercana, la cooperación y apoyo de parte de otros padres con niños autistas es de gran importancia.

En este sentido los padres consultados recomiendan abrirse a escuchar las experiencias de otros que hayan pasado por la misma situación pues minimizará la posibilidad de cometer errores y hasta puede aligerar ciertos procesos. Conocer, buscar asociaciones de padres de niños autistas, ir a reuniones, foros, conversar sobre la situación de cada uno enriquece la calidad y variedad de las tareas que realizarán n en la búsqueda de avances y logros en el trato y educación de los niños autistas.

Organizarse en Grupos o Asociaciones

El organizarse en asociaciones es vital para hacer más visible ante el mundo sobre la situación de estos niños. En muchos países es difícil que se destinen recursos a la atención de los niños con esta condición por cuanto aún existen muchas dudas en torno a ella, por ejemplo, la causa que la produce. Los padres consultados señalan que el conocer a otros padres en su misma situación les da esperanza, ya que entre todos sumarán fuerzas para conseguir que cada día se hable más sobre el autismo, se investigue y se destinen recursos para la atención de los niños. La mayoría de las veces los padres con menos posibilidades económicas no tienen acceso a terapias que podrían significar una diferencia importante en el desarrollo de sus hijos con autismo.

Transformar el ¿porqué? en un ¿para qué?

La vida que imaginaron estos padres para sus hijos antes de que estos nacieran, no tendrá cabida dentro de los parámetros sociales y culturales de su entorno. Una vez confrontada la realidad que les tocó vivir debieron cambiar la perspectiva. Más allá de preguntarse por qué les pasó eso a ellos, a manera de queja, tuvieron que dar un paso al frente y cambiar la interrogante a un para qué me está pasando. Este cambio de perspectiva les permitió iniciar un proceso de aprendizaje importante a la hora de valorar y dar importancia al día a día, a las cosas cotidianas, a lo que normalmente dejamos pasar sin darle importancia. Estos padres comenzaron a entender que los pequeños logros de sus hijos eran los suyos también.

Los padres de niños autistas, una vez informados de una manera correcta acerca de la condición que enfrentan, comienzan un proceso de aprendizaje a la par de sus hijos. Aprenden a convivir en la realidad de ellos, la cual es muy diferente a la realidad que consideramos <<normal>>. Si bien se esfuerzan por hacer que su hijo aprenda el lenguaje y las normas del entorno, también llegan a manejarse en el lenguaje propio del niño. Llegan a entender el significado de sonidos, gestos y actitudes.

El avance del desarrollo del niño autista va acompañado del de sus padres. Es un camino que realizan juntos, en el que crecen a la par. Los padres de niños autistas no solo aprenden términos científicos, jerga especializada, técnicas y terapias. También adquieren una nueva forma de ver la vida. Una forma más amplia y extensa que la usual. Aprende a valorar las pequeñas cosas, a dar gran importancia a los pequeños logros de sus hijos y los propios. El proceso de transformación en el camino de tratamiento de un niño autista es una vía de doble sentido donde ambas partes tienen su cuota de cambio.

Un aspecto importante que comentan padres de niños con autismo es el cambio que sintieron cuando se vieron capaces de asumir que su hijo no padecía de <<algo>>, que no era una enfermedad que si lograban eliminarla les devolvería el hijo soñado. No hay una persona atrapada dentro de una burbuja llamada autismo, no hay un niño <<normal>> esperando salir. Cuando se asume ésto y se comprende que el autismo es una forma de sentir, de vivir, de percibir, la tarea comienza a verse menos traumática porque abre las puertas a nuevas formas de comunicación.

<<Confieso que en el primer momento tuve una cantidad de pensamientos que me hacían sentir culpable conmigo misma. Deseaba que mi hijo nunca hubiera nacido. Me preguntaba constantemente qué había hecho yo para merecer algo tan horrible. En esos momentos en forma egoísta me centré en lo que yo sentía, en el dolor que tenía por no tener al hijo que siempre había soñado. Me destrozaba pensando en las cosas que nunca vería, los juegos en el parque,

las risas con los amigos, las fiestas de cumpleaños recibiendo regalos y compartiendo con sus invitados, los logros en el colegio, su graduación. En fin, estaba concentrada en mí y en mi dolor. Nada más importaba>>.

<<Cuando logré, con ayuda de muchas personas, aceptar la situación y asumir que no lograría nada lamentándome fue como una luz para mí. Puedo decir que mi hijo está más allá del autismo, no tengo un hijo autista, simplemente tengo un hijo. Uno con el que tengo que trabajar momento a momento para poder comunicarme y hacer que avance y viva la vida que merece>>.

Marcela madre de un niño autista de 8 años. Aún no existe una cura para los trastornos autísticos, pero se ha avanzado mucho en el tratamiento conductual de estos niños y la educación adaptada a sus necesidades para alcanzar niveles de desarrollo mucho más normales que les permita convivir dentro de los parámetros de la sociedad en la que se mueven. Con esta visión los padres conviven con la discapacidad de su hijo, y la convicción de que el aprendizaje permanente logrará cambios y avances, los impulsa a continuar día a día.

Capítulo 2

¿Qué es el Autismo?

Capítulo 2: ¿Qué es el Autismo?

El autismo es una alteración del desarrollo del cerebro que puede comenzar en niños de menos de tres años de edad y que dificulta su capacidad de comunicación e interacción social, causando un comportamiento restringido y repetitivo. Existen diversas formas de clasificar el autismo. Algunos lo clasifican de dos formas: como un desorden en el desarrollo neurológico o un desorden en el aparato psíquico. Las manifestaciones del autismo, por lo general, aparecen durante los primeros tres años y continúan a lo largo de toda la vida.

Según la Organización Mundial de la Salud la media de la prevalencia de los trastornos del espectro autístico es de 62/10000, es decir que un niño de cada 160 lo padece.

Señales del autismo

Cuando se dice la palabra autismo lo común es que las personas imaginen a una persona con los síntomas más graves de esta condición. Es la imagen que hasta ahora se ha mostrado de manera equivocada a aquellos que no conocen la realidad de este trastorno. Esta imagen estereotipada y errada hace más difícil a aquellos que enfrentan un diagnóstico de este tipo asumir la experiencia que les toca vivir.

En realidad el espectro autístico cubre una gran variedad de trastornos que pueden ir desde las formas más severas hasta las más leves y sus síntomas varían de persona a persona. Las formas más graves de autismo implican ausencia de capacidades lingüísticas, dificultades a nivel cognitivo y un cuadro generalizado de discapacidades, que requieren un abordaje educativo muy amplio y especializado. En las variantes más leves del autismo existen habilidades lingüísticas, un desarrollo cognitivo normal o superior y ausencia de discapacidades, y con apoyo y atención oportuna el niño puede ser integrado a la educación regular.

Las formas severas del autismo se conocen como Autismo de Bajo Funcionamiento y las más leves son conocidas como Autismo de Alto Funcionamiento. Entre estas últimas, una de las más conocidas por su difusión a través de personajes en series de televisión, es el Síndrome de Asperger, en la cual se alcanzan altos niveles de desarrollo intelectual.

Si bien el repertorio de síntomas para realizar el diagnóstico formal del autismo ha variado con el paso de los años y con los resultados de los estudios realizados sobre el tema, en general existe un conjunto de características comunes demostradas en la limitación de las capacidades verbales y de comunicación y la dificultad para establecer relaciones sociales. Es de destacar que no todos los individuos presentan las mismas características, pudiendo existir variaciones entre unos y otros en la intensidad o forma de la aparición de éstas. Asimismo, pueden solo presentarse algunas de las nombradas. El diagnóstico final tendrá relación con un estudio integral del niño.

Como señala el informe de la Organización Mundial de la Salud de abril del año 2013 llamado <<Medidas integrales y coordinadas para gestionar los trastornos del espectro autista>>, detectar el autismo en los primeros doce meses de vida es difícil. *<<Entre los primeros signos de la enfermedad cabe citar un retraso del desarrollo o una regresión temporal de las aptitudes lingüísticas y sociales y la aparición de*

conductas estereotipadas y repetitivas. Además, con frecuencia los afectados muestran otros problemas inespecíficos tales como miedos y fobias, trastornos del sueño y la alimentación, rabietas y agresividad. Las autolesiones (como morderse las muñecas) son bastante comunes, mas aun cuando hay un trastorno del desarrollo intelectual asociado>>.

Algunas de las señales que pueden indicarnos la presencia de autismo:

-El lenguaje puede ser nulo o limitado. A veces puede adquirirse y de pronto dejar de hablar.

-Repetición constante de palabras o frases (ecolalia), o repetición de frases o palabras escuchadas.

-Dificultad para seguir un diálogo.

-Incapacidad para comprender conceptos abstractos.

-Parece sordo, no reacciona a los sonidos.

-Apego exagerado con ciertos objetos.

-No tiene interés por los juguetes o no los usa de una manera correcta.

-Trato ritual de los objetos. Los reúne en formas características, siempre apilados o en línea.

-Elude el contacto visual y evita ver directo a los ojos del otro.

-Juega solo. No comparte ni socializa con los demás niños.

-No comprende las normas sociales.

-No indica las cosas, solo las pide tomando la mano de alguien y dirigiéndola hacia lo que desea.

-No reacciona al llamarlo por su nombre.

-Muestra desinterés por el entorno.

-No obedece ni sigue instrucciones.

-Evita el contacto físico. Le disgusta que lo toquen. No reacciona a las caricias

-Mueve las manos aleteando de manera rítmica y sostenida.

-Rota o se mece sobre sí mismo.

-Se enfada mucho y hace rabietas sin razón aparente.

-Permanece inmóvil, mirando hacia algún punto, como si estuviera hipnotizado.

-Camina en la punta de los pies.

-Intolerancia a ciertos sonidos o luces.

-Se ríe sin razón aparente.

-Puede mostrar agresividad hacia otros o hacia él mismo.

-Puede presentar hiperactividad o extrema pasividad.

-Le disgustan los cambios. Presenta obsesión por el orden y la rutina.

-Comportamiento repetitivo, es decir, tiende a repetir un patrón una y otra vez en forma constante.

Causas del Autismo

Hasta el momento no se ha podido determinar la causa o causas del autismo. Se piensa que existen una variedad de factores que pudieran predeterminar al individuo a padecer este trastorno en diferentes grados y modos de manifestarse. Se ha hablado de procesos químicos anormales en el cerebro, causas genéticas, factores neurológicos, metabólicos, infecciosos y ambientales.

Este último elemento, el ambiental, pudiera tener más implicación de lo que hasta ahora se pensaba. Un estudio realizado por el doctor Joachim Hall ayer, de la Universidad de Stamford publicado por la revista Archives of General Psychiatry, que incluyó 192 pares de mellizos en los que por lo menos uno de ellos presentaba autismo, mostró que más allá del elemento genético, el ambiente en el que se desarrolla el niño tanto en el útero como los primeros meses de su vida sería responsable por el 55% del riesgo de autismo, ante el 35% de riesgo de autismo generado por el elemento genético.

Factores como la edad materna o paterna, el uso de antidepresivos durante el embarazo pudiera considerarse un desencadenante del riesgo autista, la reproducción asistida y la inseminación artificial, las infecciones sufridas por la madre durante el embarazo, los partos múltiples, el nacimiento prematuro, el bajo peso al nacer y las complicaciones durante el parto, podrían estar considerados entre la variedad de factores ambientales que predispondrían a la aparición del autismo.

Si bien la investigación de Hallmayer no define de manera absoluta la causa del autismo, sí deja claro que más allá de los factores genéticos a los cuales se les daba preponderancia en este sentido, es una sumatoria de elementos tanto biológicos como ambientales la que predispondría en determinados casos a la aparición del autismo. El doctor Gary Goldstein, del Instituto Kennedy Krieger en Baltimore señala que todos los que estudian el autismo consideran la genética como un factor importante, y que el ambiente también debe estar involucrado, aunque no se sepa aún exactamente cuáles son esos factores ambientales, y cómo interactúan con los genes. Este estudio respalda aún más la necesidad de observar tanto el aspecto genético como el ambiental.

No estamos cerca aún de establecer con absoluta certeza cuáles son las causas de los trastornos autísticos. Este es un campo lleno todavía de espacios en blanco y caminos inciertos con un gran signo de interrogación por resolver. Cada día aparecerá una nueva idea que lleve a una investigación sobre algún punto aún no tocado.

Lo único cierto hasta este punto en el que nos encontramos es que el autismo no tiene una causa única. Es una condición causada por elementos multifactoriales que cuando se encuentran de determinada manera, bajo ciertas condiciones y circunstancias dan como resultado una serie de síntomas que dan paso al autismo.

Los casos de niños con autismo se han incrementado en los últimos años. Puede ser porque se conoce más sobre las características de la enfermedad y se diagnostica con más facilidad que hace cincuenta años; o bien porque alguno de esos elementos multifactoriales de los que hablamos esté incidiendo en esta situación.

Ese es el camino que seguirán andando los investigadores del autismo. Lo cierto es que cuando una pareja trae al mundo un hijo y el azar, esa tormenta perfecta que alinea los elementos, decide que padezca autismo, poco o nada les importa qué lo causó, pues hacia atrás no pueden cambiar nada. Desde ese momento el porqué desaparece para estos padres quienes desde allí comenzarán a buscar la manera de derribar los obstáculos que se presenten para lograr lo mejor en el desarrollo de su hijo con autismo.

Concientización

<<El autismo no está restringido a una sola región ni a un solo país; es un reto de alcance mundial que requiere medidas a nivel mundial.[...] Ahora es el momento de obrar en pro de una sociedad más inclusiva, poner de relieve los talentos de las personas afectadas y velar porque haya oportunidades para que puedan desarrollar su potencial>>.

Secretario General de la ONU, Van Kimono con motivo del Día Mundial de Concienciación sobre el Autismo, 2 de abril del Año 2013.

El autismo es una condición que no afecta solo a quien la padece, sino que impacta a la familia y a la sociedad en general. Muchos la consideran una enfermedad invisible pues no existen deficiencias físicas considerables que den señales de la magnitud del padecimiento y quienes la sufren presentan, más bien, una apariencia de normalidad. Por el desconocimiento que aún existe en torno a esta condición y la variedad de formas de abordarla que surgen cada día, no hay una respuesta única en relación a ella, por lo que se hace difícil crear conciencia a nivel mundial sobre ella. De una manera aproximada, 67 millones de personas en el mundo padecen autismo. En razón de esto, para poner en evidencia y destacar la necesidad de ayuda que tienen las familias donde surge este trastorno, fue instituido el Día Mundial de Concientización sobre el Autismo por resolución de la Asamblea General de la Organización de las Naciones Unidas (ONU) en el año 2007, con el fin de reafirmar el compromiso por los derechos y el bienestar de las personas que viven con esa discapacidad.

La desinformación sobre las características del autismo, los estereotipos, los prejuicios, la falta de políticas para la integración de las personas con autismo, son barreras que afectan a las familias afectadas por este trastorno, Por ello, la decisión de celebrar el Día Mundial de Concientización sobre el Autismo es un paso importante que debería servir para abrir espacios de reflexión sobre la situación de las personas con autismo y de este modo conseguir vías para su integración en la sociedad.

Capítulo 3

Entender el Autismo

Capítulo 3: Entender el Autismo

> *<<Ese niño es un malcriado. Nada más que eso. Mira que formar un berrinche en plena calle. Esa mamá no ha sabido criarlo. A ese muchacho lo que le falta es disciplina>>.*

En lo cotidiano hemos oído algún comentario como ese en la calle, o quizá hasta nosotros mismos lo hemos dicho alguna vez. Nos cuesta ser empáticos y ponernos en el lugar de la otra persona. Solemos prejuzgar sin preocuparnos a veces de averiguar un poquito más allá de las apariencias.

Es difícil diferenciar a un niño con trastorno autístico de otro sin ninguna discapacidad. En general son niños sanos, con un físico acorde a su edad, pero con la diferencia de que su comportamiento o su forma de actuar ante los estímulos lo hace salirse de los parámetros que consideramos normales.

La persona con trastorno del espectro autístico tiene una manera diferente de experimentar el proceso de vivir. Su percepción del entorno puede a veces sobrecargarlo. La luz de un día soleado, bienvenida para casi todos, a lo mejor para una cantidad de niños autistas resulta insoportable. Así mismo ocurre con los sonidos, los colores, incluso hasta con las manifestaciones de afecto como apretones de mano y abrazos, tan comunes para todos.

Convivir con un niño autista no es fácil. Sobre todo en los primeros momentos, cuando aún existe la incertidumbre sobre qué pasa con el niño. Los padres, familiares y todo aquel que esté en contacto con el niño debe aprender a comportarse de otra manera, manejar nuevas situaciones y ver las cosas desde una perspectiva diferente.

Un niño con autismo no eligió sentir, percibir o reaccionar de cierta forma ante el mundo que lo rodea. De forma normal es parte de lo que es él.

Aprende a manejarse puede ser educado. Lo que no puede es dejar de ser autista, es una condición, manejable y mejorable, pero con la que tendrá que vivir. Las personas que lo rodeamos sí podemos elegir cómo comportarnos, cómo reaccionar y cómo convivir con él. No es fácil, pero es el secreto para manejar de mejor manera la vida tanto del niño como de la familia.

A estas alturas del siglo XXI no tenemos excusas para maltratar o prejuzgar a otra persona por ser diferente, en este caso por ser diagnosticado con autismo. Hay información en todos lados sobre esta condición. Lo que tenemos que hacer es tomarla y estar preparados.

Los padres, quienes son los que conviven día a día con esta condición, una vez que entienden que su modo de ver la vida no es la misma de su hijo y se dan cuenta desde qué perspectiva su hijo percibe lo que le rodea, se abren a un mundo de aprendizaje mutuo y se maravillan de cosas que antes no lograban entender.

Los padres comienzan a ver más allá de la discapacidad y logran involucrarse en ese gran universo paralelo en el que cada niño con autismo vive. Si bien se hará todo lo posible porque el niño aprenda a manejarse según nuestros parámetros sociales, también es importante entender que su universo sigue siendo el mismo para él.

Relacionarse con una persona con trastorno del espectro autístico es diferente a cualquier relación que hayamos establecido en nuestra vida, incluso con otros niños. Los padres deben tratar de deslastrarse de la presión que le imponen las expectativas de <<normalidad>> pues dichas expectativas solo los conducirán a la frustración, la desilusión y muchas veces el resentimiento. Acercarse a un niño autista debe hacerse de manera respetuosa, sin juicios preconcebidos, con amplitud de pensamiento y disposición a aprender nuevas cosas. Es un mundo total y muy distinto al de nuestra cotidianidad, pero que al saberlo entender mostrará muchas sorpresas, enseñanzas y sentimientos nuevos a los padres y familiares.

<<No era fácil ir de compras, recorrer centros comerciales o el centro de la ciudad con ella. De la nada, se ponía a patalear y a gritar, sin nosotros saber qué pasaba. Lo peor era la forma en que la gente nos miraba. Algunos hacían comentarios.

Parecíamos unos padres ineptos que no habían sabido implementar disciplina con nuestra niña. Vivimos ésto muchas veces, hasta que decidimos mirar las cosas cómo las veía ella, a analizar lo que hacíamos o dejábamos de hacer cuando le daban las rabietas. Una vez que comprendimos que tenían una razón de ser y que esa razón estaba dentro de su mundo particular, el camino se nos hizo más fácil. Las rabietas disminuyeron>>.

La anterior es una experiencia común. Son pocos los padres de niños con trastornos del espectro autístico que no hayan pasado por esto. No es fácil, implica un trabajo extra, pero la acción de terapeutas, educadores y padres logran que la situación el mayor porcentaje de las veces mejore.

Claves para entender el autismo

- **Empatía**. Siempre hay que desarrollar la capacidad de ser empático. Si no nos ponemos en los zapatos del niño, si no nos tomamos el trabajo de entender su forma de mirar el mundo, no lograremos mucho. Entender el comportamiento de un niño autista parte de deslastrarnos de los parámetros <<normales>>

con los que entendemos a las demás personas. Con la ayuda de terapeutas y expertos en conducta autista los padres llegan a ser capaces de entender las particularidades conductuales de su hijo.

- **No comparar**. Sacar de la ecuación la comparación con otros niños. Cada niño es diferente a otro, incluso en condiciones normales. Al sacar de la cabeza la idea de que el niño tiene que igualarse al comportamiento de sus vecinos o primos, el trabajo se hace más fácil y se aprende a disfrutar de los logros en cada pequeña cosa de la vida diaria.

- **Detalles.** Darle importancia a los detalles-porque en el mundo de un niño con trastorno del espectro autístico- son lo más relevantes. El movimiento de las partículas de polvo en un haz de luz es algo que pasamos inadvertido cada día. Para un niño autista puede ser una sinfonía de imágenes y sensaciones que acapara su atención.

- **Afecto.** Cada niño autista tiene su forma de manifestar afecto, apreciémosla. Quizá no lo haga como todo el mundo lo hace o espera que se haga, pero a su modo lo hará. Un abrazo puede ser un estímulo muy fuerte y hasta insoportable para un niño con autismo. Si se presta atención podremos entender cada forma de expresión de afecto.

- **Concreción.** El pensamiento de un niño autista no se maneja con abstracciones. Las cosas para él son como son, sin metáforas. El pensamiento autista se da en imágenes, no en conceptos como las demás personas. Al comprender esta forma de pensamiento se hace más fácil la comunicación con el niño. Describir las cosas en vez de nombrar conceptos abstractos, hará que entienda mejor lo que le decimos.

- **Hipersensibilidad.** La mayoría de quienes presentan trastornos del espectro autista tiene altos grados de sensibilidad a los estímulos. Para nosotros es normal que esté sonando un aparato en la cocina mientras se escucha a un locutor en la radio y podemos obviar eso y conversar. Para un niño autista sobrepasa su capacidad de percepción causando conductas como molestia, agresividad o rabietas. Lo mismo pasa con la percepción de la luz y los estímulos táctiles. Comprender este punto nos lleva a entender más al niño.

- **Hipo sensibilidad.** Así como hay situaciones como la anterior también se da el caso de personas con autismo que presenta un bajo nivel de percepción de los estímulos. Así podremos ver que un niño autista se observa fijamente los dedos mientras los mueve, o que le llame la atención una luz brillante, o que golpee objetos a fin de escuchar el ruido. Como en el punto anterior, comprender ésto nos hace entender mejor las conductas autistas.

- **Mirada.** Muchos niños autistas no pueden sostener la mirada de otro, algunas veces no lo toleran. Aprenden a ver otras características para diferenciar a las personas, pero no la mirada. Muchos padres sienten alivio al entender *ésto* porque asumen equivocadamente que sus hijos no los quieren por no mirarle a los ojos.

- **Egoísmo.** Muchos piensan de manera equivocada que los niños autistas son egoístas, que solo piensan en sí mismos y que no les interesa cómo se sienten los demás. A la mayoría de los niños autistas se les dificulta- por no decir que se les hace imposible- <<leer>> las emociones de los demás. Si no le explicamos de una manera concreta cómo nos sentimos, molestos, alegres, etcétera, no podrán captarlo por nuestras actitudes.

- **Repetición.** La mayoría de las personas con trastornos autistas tiende a hacer movimientos repetitivos, mecerse o quedarse viendo al vacío fijamente en algunas ocasiones. Es su manera de bloquear los estímulos del entorno que muchas veces los abruman. Muchos padres al entender ésto imitan la actitud del niño y entienden el efecto de relajación que puede producir.

Como cualquier condición que afecte a nuestros hijos, desde una sencilla gripe hasta presentar trastornos del espectro autista, enfrentarlo no es fácil, pero es posible. La mayoría de los niños con esta condición, con la terapia adecuada, con una educación especializada y un entorno familiar comprensivo y comprometido con la tarea, alcanza buenos niveles de calidad de vida.

Convivir con el autismo requiere comprenderlo. Recordar siempre que no podemos obtener de una persona autista que responda de la manera que esperamos porque su percepción es distinta a la que conocemos y su capacidad de comunicarse siempre será especial.

Entender el autismo es no catalogar como absurdas y sin sentido aquellas conductas que no comprendemos, ya que para una persona con autismo tiene todo el sentido del mundo desde su percepción. Cada conducta de un niño autista posee una causa, una vez que internalizamos esa idea estamos listos para comprender ese universo particular con el que nos toca compartir.

El mayor esfuerzo que deben hacer los padres, familiares y personas en general, más allá de querer lograr que el niño autista comprenda nuestro mundo, es comprender el de ellos, así el aprendizaje será mutuo y los beneficios serán mayores.

Capítulo 4

El Caso de Danny

Capítulo 4: El Caso de Danny

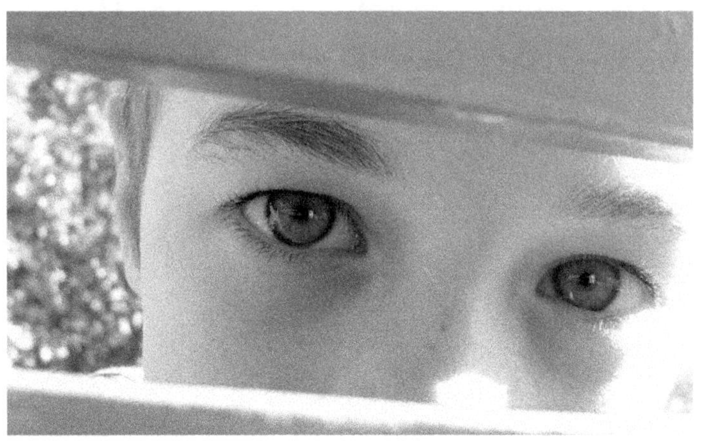

Son muchos los casos que pasan por las manos de un terapeuta. Son únicos e irrepetibles. Cada niño con autismo que llega a nuestras manos es un universo en sí mismo y por eso cada uno de ellos representa un reto diferente. En este transitar por estos universos particulares se van tejiendo nexos que ayudan al terapeuta en su labor y por consiguiente al niño en su progreso.

Expondré en estas líneas el caso de Danny la evolución lograda con dosis de dedicación y constancia. Él es un niño con el que he sentido una afinidad especial desde el momento en que lo conocí. Es uno de esos casos en los que el terapeuta siente que el aprendizaje y los avances no son solo del lado del niño, sino que son mutuos. Son compartidos.

Una de las cosas que me ha llamado mucho la atención de Danny es la capacidad que tiene tanto de conectarse como desconectarse, cuando lo veo inmerso en el computador abriendo ventanas de programas- más de veinticinco a la vez- y luego reconocer dónde está cada información.

Danny tiene una habilidad para recordar, ubicar y precisar cosas que nunca había visto en nadie. Cuando lo observo, intuyo a ese genio escondido detrás de su mirada distraída que aparenta no querer ser interrumpido en las actividades propias del mundo en el que vive. Muchas veces me hace dudar y preguntarme quién necesita ayuda realmente, si es él o soy yo, quien la necesito.

Danny es el producto de un embarazo a término, sin complicaciones en el nacimiento, con un peso de ocho libras. Nació con buena salud y buen estado físico. Presentó los patrones típicos de sueño, pero patrones selectivos de alimentación, los que incluían aversión a cierto tipo de comida. A temprana edad presentó los avances motores (sentarse derecho y caminar), de adaptación (control de esfínteres) y lingüísticos (expresiones de una palabra) esperados según los parámetros establecidos para su edad.

Se observaron retrasos en otros hitos esperados en situaciones como combinación de palabras/oraciones y en el aseo personal (por ejemplo, al bañarse y vestirse).

La historia médica de Danny no presentó situaciones inusuales o condiciones de enfermedades recurrentes (Por ejemplo: convulsiones, asma o alergias) o heridas graves (Por ejemplo: concusiones o daño cerebral). Durante su primera infancia sufrió de infecciones crónicas de los oídos y a la edad de dos años fue diagnosticado con PDD/Trastornos del espectro autista en el Hospital de Niños de Filadelfia (CHOP).

En el año 2008, cuando cursaba quinto grado, Danny tuvo tres cirugías bajo anestesia general para remover objetos que había insertado manualmente en sus oídos.

Notablemente, la historia médica de la familia es significativa en casos de problemas de atención, problemas de aprendizaje y un caso de Desorden de Asperger en un familiar de primer grado (hermano biológico).

A través de la agencia del Valle de Delaware, la familia accedió a los servicios privados en un hogar de salud mental, que incluía servicios de apoyo terapéutico, consulta de apoyo conductual y terapia ambulatoria. Los servicios de apoyo conductual se iniciaron cuando Danny cursaba cuarto grado, después de una escalada de conductas físicamente agresivas y autodestructivas (por ejemplo, tirar de su cabello).

Su historia social y conductual se caracterizó por la dificultad para iniciar relaciones con sus pares debido a déficits de interacción social inherentes a su condición. Danny mostraba interés en juegos como Wiggles (muñecos con movimientos oscilantes), videos, libros, natación, y colorear.

Adicional, la hiperactividad / impulsividad y la falta de atención habían sido notados previamente con preocupación por los padres de Danny. Otras conductas preocupantes incluían la su la manera de de comportarse, rabietas/reacciones emocionales intensas, y agresiones físicas (Por ejemplo, golpear). En cuanto a la conducta adaptativa, los informes anteriores destacaron las importantes necesidades en las áreas comunicación funcional y habilidades prácticas.

Capítulo 5

Danny en la Escuela

Capítulo 5: Danny en la Escuela

En abril de 2003, una Año evaluación multidisciplinaria inicial fue realizada por el Distrito Escolar de Neshaminy para facilitar, el paso de Danny del programa de intervención preescolar temprana al programa para niños en edad escolar. Para ese momento, Danny estaba asistiendo a un programa de preescolar de Análisis de Conducta Aplicada operado por la Unidad Intermedia del Condado de Bucks en el Bucks County Community College.

Según el informe de los padres, Danny fue evaluado en el Hospital de Niños de Filadelfia y se le diagnosticó un trastorno generalizado del desarrollo (PDD) caracterizado por retraso social y lingüístico, actividades repetitivas, compulsividad, manejo sensorial, aversiones alimentarias, distracción y actividad motora elevada.

Se intentaron pruebas cognitivas con instrumento receptivo no verbal, pero no pudieron ser administradas formalmente debido a la falta de respuesta por parte de Danny. Se concluyó que el niño presentaba algún grado de deterioro cognitivo de gravedad desconocida.

En términos de comportamiento adaptativo, habilidades de auto-ayuda se reportó la aparición de independencia recién adquirida en el uso del baño y el uso de los dedos para alimentarse, pero continuaba requiriendo ayuda de un adulto para vestirse y arreglarse.

En el aspecto comunicativo, tal vez en él que el habla de Danny se identificó que su preferencia por un modo de hablar determinado variaba de acuerdo a la actividad y a la motivación personal. Sin embargo, se notó que su dependencia del Sistema de Comunicación por Intercambio de Imágenes (PECS) disminuía, mientras que el uso de lenguaje verbal aumentaba.

En cuanto al desarrollo de la motricidad gruesa, Danny presentó mejor equilibrio, coordinación, y habilidad para lanzar la pelota y correr tras ella. En cuanto al desarrollo de la motricidad fina mostró predominio en el uso de la mano derecha con el puño apretado. Fue capaz de usar una variedad de herramientas de preescolar, como lápiz, lápices de colores, pincel y tijeras, pero necesitaba recompensas sensoriales, como vibraciones, presión, oscilación de los objetos, para persistir con las actividades de motricidad fina.

En la parte Conductual, se observaron problemas como agresión física, nula adaptación al cambio, hiperactividad e incumplimiento y falta de colaboración. Basándose en estos hallazgos, se consideró a Danny elegible para recibir instrucción especial y practica diseñada para estudiantes con trastorno autístico primario y discapacidad secundaria del habla. Las recomendaciones incluían que continuara con el programa de apoyo Análisis de Conducta Aplicado (ABA) orientado al autismo.

En abril de 2005, se llevó a cabo una revisión de los registros para determinar si el programa y la colocación seguían siendo adecuados para Danny. En ese momento, él era un estudiante de 1er grado con un profesor de apoyo para autistas. Había comenzado a comunicarse con frases y podía seguir órdenes de dos pasos con indicaciones mínimas.

Para facilitar la transición Danny usaba un horario de actividades diarias con dibujos y un temporizador auditivo. De forma Conductual, la agresión física y la negativa a trabajar habían disminuido significativamente con el uso de un sistema de refuerzo económico simbólico, en el que Danny de forma usual seleccionaba tiempo de juego y dulces como recompensa.

En la evaluación de lenguaje y habilidades básicas de aprendizaje (ABLLS), Danny demostró fortalezas en la cooperación/refuerzo de la eficiencia, imitación vocal, rutinas del aula, vestirse, comer y coordinación motora, etiquetado, sintaxis/gramática, juego/ocio, interacción social, instrucción de grupos y respuesta generalizada. Según el foniatra, Danny estaba usando un enfoque de comunicación total para expresar sus necesidades y deseos. Esta consistía en una combinación de lenguaje verbal, un Sistema de Comunicación por Intercambio de Imágenes (PECS), y los organizadores visuales para aumentar la comprensión de conceptos abstractos. Fue colaborador al participar en sesiones individuales y de grupo con el uso de la técnica de economía de fichas y redirección verbal simple.

Según el terapeuta ocupacional de Danny, éste mostró una disminución tanto en el rehusarse a realizar tareas en sesiones de grupo, como en el golpear a miembros del personal. Continuaba disfrutando de diversas actividades sensoriales táctiles y evidenciando carencias en la coordinación motora fina, de muy particular y en la manera incorrecta de agarrar el lápiz y mala coordinación bilateral al cortar. Con base en estos hallazgos, Danny siguió siendo considerado elegible para educación y servicios especiales como estudiante con trastorno autístico primario y discapacidad secundaria del habla/lenguaje.

En marzo del Año 2007, una nueva evaluación multidisciplinaria se llevó a cabo para obtener datos actualizados sobre los niveles de funcionamiento de Danny. En ese momento, Danny era estudiante de 3er grado en un programa de apoyo a tiempo parcial para autistas en la Escuela Primaria Walt Disney en el Distrito Escolar Pennsburg, Pensilvania. Según el informe de los padres, la escalada en las conductas problemáticas en la escuela podría atribuirse al reciente divorcio de sus padres y a los cambios en su régimen de medicación.

Según reportó su profesor, las conductas problemáticas recurrentes incluían rechazo/evitación del trabajo, distracción frecuente, falta de respeto hacia los miembros del personal, vagancia/fugas, intranquilidad/retorcimiento, agresión física, agitación fácil, y volatilidad el estado de ánimo.

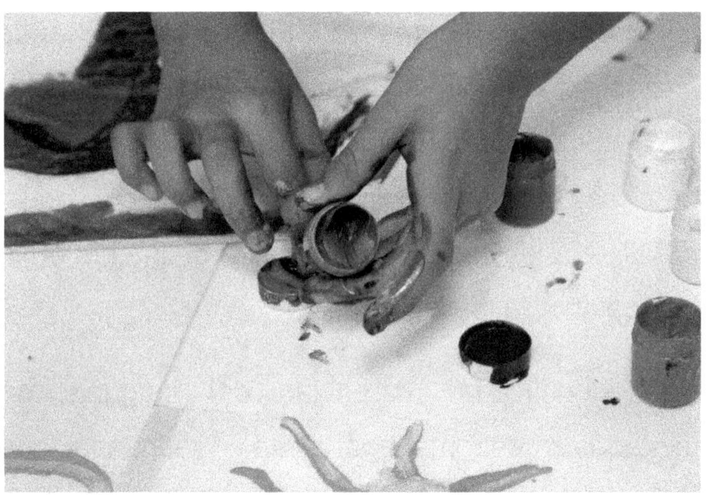

Según el terapeuta ocupacional de Danny este estaba recibiendo terapia de grupo una vez por semana para dirigir las habilidades motoras finas necesarias para las tareas de recortar, escribir y colorear.

De acuerdo al foniatra, Danny recibía terapia de grupo dos veces por semana y terapia individual tres veces por semana. Se acentuaba la identificación receptiva de elementos basada en atributos físicos, el uso de lenguaje espontáneo con palabras y frases para pedir y describir los objetos, y comer alimentos no preferidos.

Debido a la preocupación existente acerca de la pobreza en los niveles de comunicación funcional de Danny, se probaron nuevos dispositivos de comunicación argumentativa. Fueron identificadas fortalezas del lenguaje en el etiquetamiento expresivo de los objetos comunes, el deletreo con letras magnéticas, el establecimiento de contacto visual durante la comunicación, y la muestra de interés en el uso apropiado de los juguetes.

Fueron identificadas carencias del lenguaje en comentarios espontáneos, en respuesta a expresiones sociales, y en la receptividad y comprensión de categorías, acciones, características y funciones de los objetos.

Para evaluar de una manera formal los niveles de funcionamiento cognitivo, a Danny se le administraron diversas pruebas como el de la Escala de Inteligencia Stanford-Binet, quinta edición (SB-V) y la Batería de Evaluación Kauffman para Niños, segunda edición (KABC–II).

En el primero, Danny demostró un rendimiento en un rango muy significativo por debajo del promedio (SS = 41), con un rendimiento similar en la medida del coeficiente intelectual no verbal (SS = 42) y el coeficiente intelectual verbal (SS=46). En el segundo, Danny mostró un rendimiento similar en la ejecución de habilidades de la vida cotidiana. También se le aplicó el Sistema de Evaluación de la Conducta Adaptativa, segunda edición (ABAS-II). En ésta se identificaron retrasos globales significativos asociados con la eficacia de Danny para hacer frente a las demandas comunes de la vida y en el cumplimiento de las normas de independencia personal esperadas en alguien de su edad. Su puntuación global adaptativa compuesta (SS = 48), así como sus puntuaciones en lo conceptual, social y práctico, cayeron de una manera consistente y dentro de la misma gama.

Para determinar la naturaleza de las limitaciones del repertorio de alimentos de Danny y las significativas aversiones a ciertas texturas en los alimentos, el foniatra aplicó una evaluación motriz/oral. Los resultados de esta evaluación revelaron que Danny no presenta dificultades para alimentarse debido a disfunciones motrices u orales.

Por el contrario, sus habilidades motrices/orales parecían adecuadas al comer una variedad de texturas de los alimentos, incluidos los purés naturales, sólidos crujientes/masticables y líquidos ligeros. En consecuencia, se consideró que su rechazo a la comida se originaba en diferencias en el procesamiento sensorial. En base a este conjunto colectivo de datos, Danny continuó siendo considerado elegible para la educación y servicios especiales como estudiante con clasificación educativa primaria de trastorno del espectro autista y clasificación secundaria de Retraso Mental (Discapacidad Intelectual).

En marzo del Año 2008, el distrito escolar de Bensalem Township realizó una revisión de los registros para determinar si el programa y la colocación seguían siendo adecuados para Danny. En ese momento, era un estudiante de cuarto grado en un programa de apoyo a tiempo parcial para autistas en la escuela primaria de McDonald en el Distrito Escolar de Centenal. De acuerdo al profesor de apoyo autista, Danny exhibió una menor resistencia a diferentes texturas de los alimentos y requirió menos indicaciones para que cumpliera con las exigencias del trabajo.

En el Inventario de Habilidades Básicas, Danny demostró un 80% de precisión en la comprensión y el 50% de precisión para responder a preguntas con el uso de <<qué>> en el nivel pre-primario. De acuerdo en su comunicación, Danny estaba usando más de veinte palabras (combinación de palabras funcionales), era menos dependiente de su chateo en el computador, así como en el uso de las redes sociales, y había aumentado sus habilidades de comunicación funcional.

Los padres de Danny, junto con su abogado, expresaron su satisfacción por el verdadero progreso, incluyendo la habilidad de transferencia/generalización, por el contenido curricular del programa y sus metas del Plan de Educación Individualizada (IEP), la coordinación interinstitucional, comunicación de la escuela a casa, la colocación educativa, y la transición a la escuela media. Al término de la revisión, el equipo recomendó un ajuste de las metas para reflejar objetivos más funcionales. Se incrementó la comunicación entre la escuela y el hogar mediante el uso diario de un libro de comunicación, y la aclaración del uso del folios copio de Danny para facilitar una mejor generalización de frases funcionales.

Debido a la disponibilidad de instalaciones y servicios, se indicó que Danny debía permanecer en la Escuela Primaria McDonald pero que se realizaría una reevaluación completa para facilitar aun más las

Una evaluación socioeducativa integral realizada el 25 de decisiones de colocación educativa. Septiembre de Año 2008 por parte del distrito escolar de Bensalem Township actualizó las pruebas cognitivas utilizando la Escala de Inteligencia de Wechsler para Niños, cuarta edición (WISC-IV). Las puntuaciones de Danny reflejaron las obtenidas en las evaluaciones anteriores, situándose en un rango significativo e inferior a la media en el Índice de Comprensión Verbal (SS=45), el Índice de Razonamiento Perceptual (SS=51), y en el Índice de Memoria de Trabajo (SS=50). Se observó que el puntaje en bruto de 0 en el Índice de Proceso del Discurso no permitía calcular Resultados Oficiales ni una Escala Plena de Coeficiente de Inteligencia.

La administración de la Prueba de Inteligencia No Verbal Universal (UNIDAD) también incluida en la evaluación de septiembre de Año 2008 mostró un rendimiento similar en todas las áreas de índices individuales.

Varias escalas de calificación de comportamiento también se incluyeron en esta evaluación. Las respuestas de los padres de Danny a la Escala de Valoración del Autismo de Gilliam, segunda edición (GARS-2) y la Escala de Medición del Autismo (CARS) mostraron la posibilidad <<muy probable>> de un trastorno del espectro autista y una Puntuación de Autismo Compuesto en el <<Severamente-profundo autista>>, respectivamente. Se observaron también problemas de comportamiento a través de la aplicación de la Escala Dominante de Conner. Estos resultados mostraron un perfil de deficiencias de ejecución, de aprendizaje y aspectos sociales, que suelen ser característicos de un individuo con Desorden Primario del Espectro Autístico. Debido a que el deterioro en el funcionamiento ejecutivo se produce durante el curso y se explica mejor por un trastorno del espectro autista, se consideró una función relacionada que no indica un déficit de atención separado.

La administración de la Escala de Evaluación de la Conducta Adaptativa, segunda edición (ABAS-II) también mostró resultados similares a los de anteriores evaluaciones, con un rango muy significativo, inferior a la media en la mayoría de ámbitos de la conducta adaptativa.

La evaluación de septiembre del Año 2008 concluyó con la continua elegibilidad de Danny para educación y servicios especiales como estudiante con autismo y retraso mental (discapacidad intelectual).

En septiembre del Año 2010, el programa de Danny y su elegibilidad para la educación especial fueron reevaluados de nuevo. El informe, de fecha 24 de noviembre del Año 2010, mostró una evaluación actualizada de las habilidades académicas funcionales de Danny, utilizando el Inventario Brisance de Habilidades Básicas. Se observó que Danny fue capaz de identificar 12 de 30 partes del cuerpo, dibujar una persona con 5 de 11 partes del cuerpo, copiar 3 de 6 formas dadas, y dibujar una secuencia de memoria en 4 de 5 oportunidades. En ese momento, Danny estaba trabajando en la lectura y comprensión de textos cortos en el nivel primario y era capaz de responder a preguntas básicas con <<quién>> y <<dónde>> en 2 de 5 oportunidades y preguntas con <<qué>> en 3 de 5 oportunidades. Danny también estaba leyendo 62 de 100 palabras de una lista de nombres de comestibles y 57 de 100 palabras de una lista de palabras de restaurante.

El informe del Año 2010 también señaló que hubo un progreso significativo en el área de habilidades de la vida diaria. La información proporcionada en el informe indica que Danny continuó con la calidad de la educación y servicios especiales como un estudiante con autismo, retraso mental (discapacidad intelectual) y deficiencias del habla y el lenguaje.

Programa educacional actual

El programa educacional que sigue Danny en la actualidad continúa apoyado en la terapia ocupacional y de lenguaje. La clase actual de Danny continúa incorporando los principios del Modelo de Aprendizaje de Competencias (Competent Learner Model CLM), el cual es un modelo de instrucción que integra la evidencia basada en principios de instrucción efectiva. CLM incorpora estrategias del

Análisis Aplicado de Conducta e Instrucción Directa para enseñar un repertorio que provea las destrezas fundamentales para tener éxito en el plan de estudios

y promover el desarrollo de un conjunto de habilidades funcionales.

En este momento, Danny está participando con sus compañeros de educación general en almuerzos, recesos y asambleas seleccionadas. Danny participa en una zona especial por turnos: computadoras, música, arte, comida, nutrición y tecnología. También participa con los demás estudiantes elegibles para un programa adaptado de matemática y lectura en el aula de educación especial. Danny atiende clases de Educación Física Adaptada.

Es de hacer notar que en noviembre 28 del Año 2011 se realizó una reunión para explorar las opciones comunicacionales para Danny. Fueron discutidas cuatro áreas: Danny como estudiante, el ambiente de Danny, las tareas que Danny necesita ejecutar y herramientas para el uso de Danny. Se indicó que debería comenzar a probar varios dispositivos.

La siguiente información fue proporcionada por la madre de Danny:

En cuanto al actual programa educativo a la madre de Danny le parece que los ajustes del High School son abrumadores para él. Por otra parte, señaló que la escuela debería proporcionar asistencia al inicio de la transición. Además, la madre expresó que había tenido que esperar todo el año por un dispositivo de voz para Danny.

No mostró preocupación por ninguna dificultad conductual en este momento. Danny y su familia reciben apoyo después de las horas de clase, provisto por la Agencia del Valle de Delaware.

En lo que respecta a las recientes mejoras en Danny se informa que se encuentra en buen estado de salud. Su régimen de medicación, en la actualidad, se mantiene.

En este punto del largo camino que significa la atención de un niño con trastornos autísticos, la madre de Danny reconoce que aunque no ha sido fácil, sí se evidencian importantes avances de su hijo a lo largo de este proceso. La información y data derivada de la retroalimentación que existe entre la familia de Danny y los encargados de aplicar en él las diferentes estrategias educativas adaptadas a su condición sirve no solo para lograr avances en su caso particular, sino que de manera muy importante constituirá una base para la atención de otros casos como el suyo a pesar de las lógicas diferencias inherentes a cada caso.

Cada proceso para llevar adelante a un niño autista sirve para generar información valiosa para ir mejorando de una manera pausada, los procesos educativos que en la actualidad se llevan a cabo en ayuda y soporte para otros niños con Trastornos del Espectro Autístico y otros desórdenes del área cognitiva y comunicacional.

Capítulo 6

Avances de Danny

Capítulo 6: Avances de Danny

Habilidades cognitivas

Un reporte de reevaluación por el BCIU # 22 en Marzo del Año 2007 mostró evaluaciones formales del funcionamiento cognitivo y habilidades de comportamiento adaptativo. Como se muestra en las siguientes tablas, se encontró que el funcionamiento general de Danny medido a través de las puntuaciones de la Escala de Inteligencia Stanford-Bitnet, quinta edición (SB-V) y la Batería de Evaluación Kauffman para Niños, segunda edición (KABC-II), estaba en un rango muy significativo menor, comparado con niños de su edad.

SB-V

Escala Completa IQ 41

Cociente de Inteligencia No Verbal 42

Cociente de Inteligencia Verbal 46

KABC- II

Índice de Inteligencia Fluida Cristalizada 43

Evaluación posterior con el Sistema de Evaluación de Adaptación Conductual, segunda edición (ABAS-II)

Puntuación Compuesta de Adaptación Global 48

Muy significado debajo del promedio.

También se observó que las puntuaciones en el subdominio conceptual, social y práctico, consistentemente disminuyeron dentro del mismo rango.

Una evaluación psicoeducativa integral realizada por el Distrito Escolar de Bensalem del 25 de septiembre del Año 2008, mostró pruebas cognitivas actualizadas, utilizando la Escala de Inteligencia de Wechsler para Niños, cuarta edición (WISC-IV). Estos fueron los resultados de esta evaluación:

WISC-IV

Índice de Comprensión Verbal 45

Índice de Razonamiento Perceptual 51

Índice de Memoria de Trabajo 50

Se mostró que el puntaje bruto de 0 en Velocidad de Procesamiento no permitió calcular la Puntuación Standard o determinar el FSIQ.

La administración de la Prueba Universal de Inteligencia No Verbal (UNIT) también incluida en la evaluación de septiembre del Año 2008, mostró un rendimiento similar, con una puntuación en la Escala Completa y significativa por debajo del rango (SS=44) y rendimiento acorde a través del área de índices individuales.

Logros académicos

Las capacidades funcionales académicas de Danny son evaluadas de forma regular a través del seguimiento del progreso de sus metas IEP. Además, las habilidades de Danny son medidas a través de las evaluaciones del plan de estudios del aula. Por favor, consulte las siguientes secciones de este libro para obtener información adicional sobre los niveles actuales de Danny acerca de sus logros académicos.

Evaluaciones de aula

Las evaluaciones de aula incluyen el seguimiento regular de progreso de las metas IEP de Danny, así como evaluaciones individualizadas administradas por su maestro de educación especial y su terapeuta.

En septiembre de Año 2011, Danny fue evaluado con el Modelo de Aprendizaje de Competencias (CLRA). El CLRA evalúa al estudiante en siete áreas de habilidades (habla, observación, resolución de problemas, lectura, escritura, participación y escucha). Utiliza una escala de medición del 0 al 5 donde 0 significa ninguna habilidad observada y 5 muestra que la habilidad ha sido dominada y ejecutada muy consistente a través de personas, lugares y objetos.

0= Ninguna habilidad observada.

1= Repertorio no establecido.

2= El repertorio está establecido pero la respuesta solo es aproximada.

3= El repertorio está establecido pero rara vez se ejecuta a través de personas, lugares y cosas.

4= El repertorio está establecido pero requiere un mayor desarrollo a través de personas, lugares y cosas.

5= El repertorio está dominado y ejecutado de una manera consistente.

Las capacidades de Danny también fueron evaluadas en septiembre del Año 2011 con el Inventario Brisance de Habilidades Básicas.

De acuerdo a esta evaluación las habilidades de Danny mostraron variaciones que serán descritos en los resultados de las pruebas realizadas que se presentan en los siguientes capítulos.

- Danny fue capaz de identificar 1 de 5 conceptos cuantitativos (pequeño/grande) y reconocer dibujos que ilustraban los conceptos <<corto>> y <<algo>>.

- Fue capaz de identificar 1 de 5 conceptos de dirección y posición (cerrado/abierto) e identificar dibujos de objetos que se mueven hacia arriba.

- Estaba leyendo nueve de las palabras elementales y tres de las palabras de primer grado.

- Fue capaz de leer de forma oral un pasaje con 97% de exactitud con un nivel cercano al de primer grado.

- A través de la observación e información recolectada por su maestro se mostró que Danny era capaz de comprender lo que había leído a nivel de primer grado.

- Fue capaz de leer 9 de 20 palabras de dirección, 2 de 10 contracciones y 4 de 10 contracciones.

- Deletreaba palabras al nivel del grado con una precisión de 80%

- Fue capaz de leer números hasta el 99, decir la hora y nombrar monedas y billetes. En el aula, Danny continúa trabajando en sus habilidades para calcular.

El progreso de Danny también es medido a través del seguimiento regular de sus metas IEP. El siguiente es el resumen de sus progresos en cuanto a estas metas como se mostró en el más reciente reporte en abril del Año 2012.

Meta No 1

Dada la instrucción y la práctica, Danny seguirá instrucciones escritas para localizar tres salas específicas con supervisión adulta a distancia, desde una distancia de 20 - 40 pies, en tres veces de cuatro en un período determinado.

En el mes de Abril del Año 2012: Danny es capaz de localizar las salas siguiendo instrucciones escritas con supervisión adulta desde una distancia de 40 pies el 75% de las veces.

Meta No 2

Danny contará con una combinación de billetes y monedas hasta $1.25 para comprar una merienda/bebida en una máquina expendedora en cuatro de cinco intentos sobre datos de cinco puntos consecutivos tomados dos veces al mes.

Línea de base:

Capaz de juntar $1.25 con un billete de dólar y monedas: 0/5.

Capaz de colocar las monedas en la ranura correcta en la máquina expendedora de su escogencia: 2/5.

-Abril del Año 2012: Danny es capaz de contar $1.25 con los siguientes modelos visuales:

Cuatro monedas de 25 centavos, dos de 10 centavos y de un centavo.

Cinco monedas de 25 centavos.

Una moneda de 25 centavos, siete de 10 centavos y 5 centavos.

Danny dominó el colocar la moneda en la ranura correcta.

Danny dominó el hacer la compra de su elección.

Meta No 3

Dada una oración numérica escrita en el siguiente orden: un número de un dígito, un signo de operación, otro número de un dígito y un signo de igualdad. Danny introduciría de una manera independiente los números en el teclado de una calculadora para grabar la respuesta para la ecuación numérica 4 veces de 5 en puntos consecutivos, datos tomados dos veces a la semana.

Línea de base: introduciendo el primer número de un dígito: 3/5; introduciendo el signo de operación: 1/5; introduciendo el segundo número de un dígito: 2/5; introduciendo el signo de igualdad: 0/5

-En Abril del Año 2012: Esta meta fue dominada en el reporte de progreso de enero del Año 2012.

Meta No 4

Cuando se le dan tres series de 20 instrucciones verbales consecutivas, Danny respondería de forma independiente a 55/60 instrucciones con un grupo de aprendices sobre cinco puntos consecutivos, datos tomados una vez a la semana.

-Línea de base: 39/60 instrucciones seguidas de una forma correcta .Ver anexo.

- En el mes de Abril del Año 2012: Este objetivo ha sido dominado.

Meta No 5

Cuando se le dan instrucciones escritas para seguir una receta sencilla, Danny leerá y seguirá las instrucciones de toda la receta para crear y terminar un producto en 4/5 oportunidades de cinco puntos consecutivos, datos tomados dos veces a la semana.

- Línea de base: 0/5

- En el mes de Abril del Año del 2012: Este objetivo fue dominado como en el reporte del mes de

Enero del Año 2012. Informe de seguimiento de progreso.

Meta No 6

Al dársele una dirección escrita de una página de sopas de letras y una lista de palabras para introducir, Danny visitará la web de sopas de letras para crear e imprimir la que ha creado en 4/5 oportunidades sobre cinco puntos consecutivos, datos tomados dos veces a la semana.

Línea de base: introducir la dirección de la página web: 2/5; presionar <<enter>> en la lista de palabras: 2/5; imprimir la sopa de letras: 2/5

-En Abril del Año 2012: Danny ha dominado el introducir la dirección de la página web y las palabras para crear la sopa de letras en la página web dedicada a tal fin. Danny todavía no ha impreso las sopas de letras que ha creado.

Evaluaciones locales y estatales

Danny participa en el Sistema de Evaluación Alterna de Pennsylvania (PASA) una vez por año. La puntuación más reciente disponible es de la evaluación PASA de la primavera del Año 2011:

Lectura, 7mo grado Nivel A

Novato (101 de 125 puntos)

Danny fue capaz de completar las siguientes habilidades correcta y de forma independiente:

- Analizar materiales.
- Identificar relaciones entre objetos dibujados.

Fue capaz de ejecutar las siguientes habilidades de una manera correcta, con las claves y avisos dados por su maestro:

- Hace coincidir dibujos o fotografías idénticas.
- Selecciona dibujos y fotografías con nombre.
- Identifica categorías, funciones y características de los objetos dibujados.
- Da respuestas literales a las preguntas con <<quién>> <<qué>> o <<dónde>> después de escuchar una oración.

Matemáticas, Séptimo grado Nivel A.

Danny fue capaz de ejecutar las siguientes habilidades de una forma correcta con las claves y avisos de su maestro:

- Hace coincidir dos conjuntos de objetos por cantidad, hace coincidir los números iguales.

- Identifica el conjunto que tiene un objeto o más/menos.

- Hace coincidir objetos de igual longitud, tamaño o capacidad.

- Juzga capacidad / volumen.

- Selecciona objetos que <<dicen la hora>>, hace coincidir pantallas digitales.

Danny fue capaz de ejecutar las siguientes habilidades sin asistencia de su maestro:

- Identifica objetos más largos/más cortos o más grandes/más pequeños por longitud, área o capacidad.

Capítulo 7

Conclusiones del Caso de Danny

Capítulo 7: Conclusiones del Caso de Danny

El equipo de Programa de Educación Individualizada (IEP) determinó que en el caso de Danny no se requería información adicional a la ya obtenida. La información recabada durante la actual evaluación a través de la observación, de los aportes de maestros y terapistas y de la revisión de los registros educativos es suficiente para apoyar la continuidad de la elegibilidad de Danny para recibir educación y servicios especiales como estudiante con autismo, discapacidad intelectual y trastornos del habla y el lenguaje.

Fortalezas y Necesidades Educativas

Fortalezas:

Sentido del humor

Personalidad agradable

Colaborador

Una vez que se le han enseñado destrezas manuales, Danny es capaz de completar la tarea de una manera independiente. Presenta interés en actividades recreativas propias de su edad (Sopas de letras, rompecabezas de 100 piezas), capacidad de usar y manipular el ratón y el teclado en la computadora y habilidades imitativas.

Sigue instrucciones de un paso.

Escritura legible.

Es independiente al realizar las tareas escolares y de la vida diaria.

Necesidades:

Encontrarle sentido a las palabras de dirección.

Aumentar la habilidad para leer abreviaturas.

Aumentar la habilidad para leer contracciones.

Utilizar un motor de búsqueda en Internet para contestar preguntas de juegos de trivia.

Utilizar un gráfico de barras para contestar preguntas usando los conceptos más largo/más corto.

Usar gráficas circulares para contestar preguntas usando conceptos de <<el más grande>>/ <<el más

pequeño>>. Uso coherente de respuestas sí/no para rechazar o aceptar objetos.

Aumentar la capacidad de producir dibujos impresos más pequeños con el uso consistente de la mano como estabilizador.

Maestra de educación especial

A Danny se le administró el Inventario Brisance de Habilidades Básicas en el mes de Junio del Año 2012. En la sub-evaluación de reconocimiento de posición de frases, Danny fue capaz de leer siete palabras de primer grado y cuatro de segundo grado. Danny fue capaz de leer con una precisión del 100% en el pasaje de principiante de primer grado y con un 85% de precisión en el pasaje superior de primer grado.

Danny fue capaz de leer veintidós de cuarenta palabras de dirección, dos de diez contracciones, nueve de quince abreviaturas y dos de diez señales de información. Danny fue capaz de deletrear ocho de diez palabras de segundo grado. Fue capaz de decir la hora, identificar y dar el valor de monedas de uno, cinco y diez centavos. Fue capaz de etiquetar posiciones ordinales del primero al último.

En el salón de clases, Danny ejercita en las Habilidades Lectoras para una Vida de Logros. Lee un cuento a su instructor y durante el avance de la unidad se le pide completar actividades de vocabulario, comprensión secuencia y toma de apuntes.

En matemáticas, Danny está trabajando en encontrar la suma de artículos comestibles usando una calculadora. Utiliza un folleto de la tienda de comestibles para encontrar artículos y escribir sus precios. Luego usa la calculadora para encontrar el total de artículos.

Completa actividades de escritura con modelos y pautas verbales. Cuando se le da un tema y palabras para escoger, Danny es capaz de crear una red de palabras. Una vez completada la red, se le pide que escriba cuatro oraciones usando palabras de su red. A Danny se le da una oración a la que se le ha quitado alguna palabra y una serie de palabras para crear la oración. Es capaz de completarla y crear párrafos de cuatro oraciones.

El último informe de progresos de Danny indicó que él es capaz de usar un modelo visual para contar monedas hasta completar $ 1.25 y es capaz de usar a manera independiente la máquina expendedora de la escuela para comprar meriendas/bebidas. Domina el uso de la calculadora para introducir una secuencia numérica en ella. Es capaz de responder de manera independiente a cincuenta y cinco de sesenta instrucciones de un paso con un grupo de aprendices.

Cuando se le da una receta sencilla escrita, Danny es capaz de seguirla para crear un producto terminado. Al dársele una dirección web de una página de sopas de letras y un conjunto de palabras para buscar, Danny es capaz de encontrar la página, introducir las palabras, y crear e imprimir su sopa de letras.

En el Sistema de Evaluación Alterna de Pennsylvania del Año del 2011 (7mo grado) en lectura, nivel A, Danny demostró rendimiento en el nivel de percepción. Fue capaz de analizar materiales correctos e independientes, e identificar las relaciones entre los elementos de la imagen. Con las indicaciones de la maestra, Danny fue capaz de hacer coincidir dibujos idénticos o fotografías, seleccionar dibujos o fotografías señaladas, identificar categorías, funciones y características de los objetos dibujados y contestar preguntas sobre <<quién>>, <<qué>>, <<dónde>>, después de leer una oración.

En el Sistema de Evaluación Alterna de Pennsylvania del Año 2011 (7mo grado) de matemáticas, nivel A, Danny demostró rendimiento en el nivel de percepción. Fue capaz de analizar materiales correcta y de forma independiente. Con indicaciones de su maestra, Danny fue capaz de hacer coincidir dos conjuntos de artículos por cantidad, identificar el conjunto que tenía un artículo o más / menos, hacer coincidir artículos de igual longitud, tamaño o capacidad, juzgar la capacidad / volumen y seleccionar objetos que <<den la hora>>; hacer coincidir pantallas digitales con la misma hora. Danny no pudo identificar artículos más largos/más cortos o más grandes / más pequeños por longitud, área o capacidad.

CLRA

La Evaluación de Repertorio de Competencias Aprendidas (CLRA) es una herramienta de evaluación basada en el currículo. No es una prueba estandarizada. El educador utiliza esta herramienta para determinar si el estudiante domina el repertorio de competencias a un nivel deseado de habilidad. Una vez que el educador completa la evaluación, se desarrolla un archivo para ilustrar los repertorios que faltan o aquellos que se necesita establecer o fortalecer. La información obtenida de esta evaluación se utiliza también para hacer seguimiento al progreso subsiguiente del estudiante.

Los aspectos que se evaluarán seleccionados representan varios niveles de desarrollo de cada repertorio de competencias del estudiante. El repertorio representa clases de respuestas que indican las competencias del estudiante en Escucha, Observación, Participación, Habla, Lectura, Escritura y Resolución de Problemas.

La evaluación fue completada a través del uso de interacciones directas, observaciones y pruebas con la Maestra, la Asistente de Instrucciones y el Entrenador.

Hablante

Como hablante, Danny puede repetir una variedad de declaraciones con <<Yo>> y frases de dos palabras con precisión. Cuando se le pide etiquetar un objeto y hacer una explicación detallada sobre el mismo, puede etiquetar el objeto usando un sustantivo, sin ofrecer más detalles.

Cuando se le da una instrucción de un paso y se le pregunta << ¿qué estás haciendo?>> Danny repite la pregunta. En lo que respecta a información personal, Danny sabe su nombre. No fue capaz de identificar el nombre de su maestra, edad, nombre de la escuela, número telefónico y dirección.

Observador

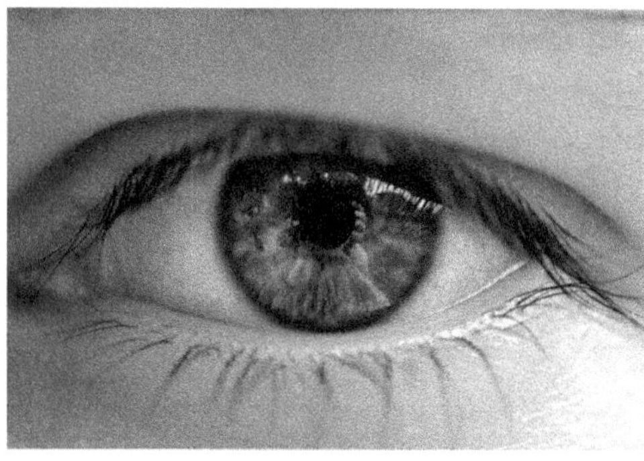

Como observador, Danny etiqueta dibujos de objetos individuales entre una variedad de categorías en un campo de doce. Puede responder preguntas de Sí/No dentro de cinco categorías (Por ejemplo, ¿esto es comida?). Cuando se dedica a una actividad, se le preguntó: << ¿Qué haces?>>. Él respondió repitiendo la pregunta. Danny puede imitar de una manera rápida y con precisión acciones modeladas en un conjunto de dibujos (cuatro conjuntos con cinco dibujos cada uno) de varias categorías. Puede también ordenar los dibujos por categoría (cuatro conjuntos de ocho dibujos y tres de cuatro/ distractores).

Solucionador de problemas

Como solucionador de problemas, Danny se desplazará de una forma espontanea y buscará ayuda para encontrar lo que falta. Si no puede encontrarlo no pregunta por objetos rutinarios (Por ejemplo, pedirá un lápiz al presentársele una tarea). Danny no preguntará "¿qué es esto?". Calmadamente rechazará cualquier ofrecimiento de algún objeto o actividad que no quiera, usando la palabra <<no>>.

Lector

Como lector repite y sostiene sonidos de letras en respuesta a la señal de su maestra. Danny puede responder preguntas con <<quién>> y <<qué>> en un cuento familiar.

Escritor

Escribe su primer nombre de manera legible. Puede leer y escribir y de una manera frecuente utiliza letras mayúsculas.

Participado

(Dirigido por la maestra)

En un entorno de grupo estructurado a Danny le fueron presentadas tres de veinte instrucciones / preguntas firmes del tipo << ¿puedes?>>. En ambos intentos siguió 58 de 60 instrucciones (3 conjuntos de 20 instrucciones).

(Semi-dirigido)

Danny completa dos tareas de cinco minutos con la maestra cerca.

(No dirigido: transiciones)

Es capaz de ocupar su tiempo libre en el salón de clases. De manera Particular le gusta trabajar resolviendo sopas de letras. Puede también escoger y mirar libros, usar la computadora o armar un rompecabezas. Asea y recoge como lo indica su maestra, y pasa muy fácil de una actividad a otra en el siguiente en el salón de clases.

(Dirigido por sus pares)

Cuando participa en alguna actividad/juego que le gusta Danny dice <<mi turno>> cuando es su turno (a veces siguiendo el modelo de la maestra), busca ayuda de la maestra para tener un turno, da objetos a sus compañeros y les ofrece sus objetos preferidos. Durante un juego o actividad de grupo, Danny espera muy amable por su turno.

Requiere avisos o ejemplos para pedirle el turno a un compañero para jugar con alguno de sus objetos preferidos.

Oyente

Danny fue inconsistente en su habilidad para seguir instrucciones de dos pasos. A veces las instrucciones tuvieron que ser repetidas o divididas en pasos más cortos a fin de que comprendiera en su totalidad las instrucciones. Danny toca cada dibujo de una categoría cuando le es presentada en un campo de doce dibujos.

Muestra habilidades establecidas con las personas, ambiente, y objetos dentro de 17 de los 26 repertorios del CLRA .Para los restantes 19 repertorios, pide indicaciones a un adulto para mejorar la fluidez y forma de sus respuestas.

Terapista del lenguaje

Danny al momento recibe 60 sesiones de 30 minutos por año del Plan de Educación Individualizada. Danny es un comunicador verbal que habla básicamente en guiones. Su motivación principal para comunicarse es para expresar deseos y necesidades. Saluda de una manera cordial y espontánea, aunque en esto es inconsistente con sus pares. No se dedica a conversar luego del saludo y no interactúa con sus compañeros.

Un ejemplo de frase de guión usada por Danny se da cuando siente peligro en el entorno. En estos casos le pregunta a sus compañeros y adultos si todo está bien, como si se preocupara por ellos. A pesar de que esta pueda ser una respuesta de guión, es usada en el contexto apropiado. Él usará la misma frase en diferentes situaciones que le parezcan preocupantes. Suele decir también la palabra <<Doctor>> cuando está preocupado sobre algo.

Danny a veces presenta ecolalia. Aparenta usar guiones que no tienen intenciones comunicativas. Si se le hace una pregunta con <<cuál>>, necesitará ayuda para responder.

Este año el enfoque estará puesto en incrementar el uso de guiones funcionales. Danny ha mostrado progresos en esta área.

Ejemplo de guiones que domina:

<< ¿Puedo tener-------?>>

Saludos al terapista del lenguaje.

<< ¿Qué sigue?>> <<Cuando se le da la clave con la frase <<vamos a>>.

Danny sigue necesitando claves para las frases:

<<Necesito ayuda>>

<< ¿Puedo hacerlo de nuevo?>>

<<Terminé”>>.

Es capaz de seguir indicaciones orales de un paso que le sean familiares y sean parte de su rutina. Él domina de 55 a 60 instrucciones con el grupo.

La comunicación aumenta con la estructura y con el uso de guiones en ocasiones predecibles, así como con la práctica frecuente. Danny deberá continuar beneficiándose del apoyo en el área de habla /

lenguaje para incrementar el repertorio de guiones funcionales para ser usados dentro del ambiente académico.

Terapia ocupacional

En su último IEP las consultas de terapia ocupacional de Danny fueron incrementadas de una vez al mes a sesiones semanales. El enfoque se ha concentrado en las habilidades para las actividades diarias como: cocina sencilla, preparar sobres, buscar en folletos de tiendas determinados artículos, y seguir instrucciones escritas para encontrar salones en el edificio de la escuela. Y de manera adicional está acudiendo al gimnasio.

Su madre establece contacto con la Oficina de Salud Mental quienes pudieran seguir tratando a Danny después de su graduación. Su madre esta buscando sugerencias para cualquier situación que pudiera presentarse en el futuro.

A Danny le fue administrado el Estudio de Estudiantes en Transición en septiembre de 2011. Danny no ha expresado de una manera clara lo que quiere hacer después de que se gradúe.

En el aula, participa y completa todas las tareas con claves visuales y verbales. Disfruta el cocinar, usar la computadora, bailar al ritmo de la música y completar sopas de letras. Es capaz de seguir una receta con dibujos simples para preparar sánduches de mantequilla de maní y mermelada, con indicaciones verbales de <<sigue trabajando>>. Al final del año escolar (junio del Año 2012) Danny actuó en el show de talentos con su clase y sus compañeros del programa de educación general en un acto de canto y baile para todo el cuerpo estudiantil.

No se considera necesario desarrollar sus capacidades al exterior de la escuela en este momento, debido a la edad de Danny y a que este es su primer año de transición.

Puede ser beneficioso seguir mejorando sus habilidades para la lectura, matemáticas y escritura para aumentar su posibilidad de éxito en el nivel post secundaria.

Las recomendaciones del equipo del Plan de Educación Individualizada con respecto a los servicios de educación especial para que sean alcanzadas las metas anuales en el IEP y el estudiante pueda participar de manera apropiada en el programa de educación general son:

Debe continuar recibiendo terapia de habla / lenguaje para apoyar sus progresos y alcanzar sus objetivos comunicacionales. Además, Danny continúa calificando para servicios de terapia ocupacional para apoyarlo en un nuevo ambiente estudiantil con habilidades para la vida, y habilidades motrices y visuales.

Capítulo 8

El Futuro

Capítulo 8: El Futuro

Es conocido para los padres de niños con trastorno del espectro autístico, que esta condición es un reto tanto para el niño como para la familia y el entorno inmediato. Aún no se ha encontrado una cura para este desorden, pero sin duda, el pronóstico en nuestros días es mucho mejor que el de hace una generación atrás, cuando producto del desconocimiento existente muchas veces se aislaba a los niños o se les recluía en instituciones mentales.

En esta época que nos toca vivir, y gracias a los esfuerzos de padres exigiendo información y de investigadores buscando de una manera incansable las causas del desorden y mejores terapias, se ha logrado en muchos casos mejorar los síntomas del autismo. Siempre es bueno aclarar que estas personas seguirán siendo autistas el resto de su vida y de una u otra manera presentarán señales o modos de actuar que seguirán evidenciando su condición, lo que no hace menos importante el hecho de que la mayoría de las personas con autismo llegan a ser capaces de vivir con sus familias y en la comunidad.

Todo dependerá, de la severidad del trastorno y la terapia recibida.

La persona autista deberá continuar el resto de su vida recibiendo terapias y haciendo actividades que mantengan los logros que se alcancen en lo cognitivo y comunicacional. Muchos pueden llegar a tener un trabajo remunerado acorde a su condición y llevar una vida de aparente normalidad. El apoyo familiar y la supervisión siempre serán necesarios. Cada historia será diferente, la particularidad de cada persona con autismo hace que la experiencia de cada familia sea única.

Es importante investigar en la zona donde se resida los servicios e instituciones disponibles que puedan seguir brindando apoyo a la persona con trastorno autístico y a sus padres, quienes con el pasar de los años podrán brindar menos ayuda, como es lógico.

La relación con el niño con autismo será de aprendizaje mutuo toda la vida. La comunicación con él lleva más tiempo que lo que nos lleva establecerla con un niño sin la condición, y además será un proceso que seguirá de una manera paulativa y cotidiana. Seguirán creándose y estableciéndose cada día nuevas pautas, nuevos esquemas, nuevas estructuras comunicacionales por siempre. Lo importante es que será posible, dependiendo, como hemos dicho antes, del grado de severidad de la condición del niño. En la mayoría de los casos las estructuras de comunicación serán viables.

Hoy, el autismo continúa siendo un gran misterio y un desafío para los investigadores de las ciencias neurológicas quienes tendrán que seguir en la labor de esclarecer el funcionamiento del cerebro en presencia de este trastorno. Nuevas terapias, nuevas formas de comunicación, más eficientes métodos educativos irán surgiendo. El énfasis irá más allá de la eliminación o control de los síntomas, se deberá poner el foco en la enseñanza y consolidación de habilidades adaptativas que le permitan a la persona ser lo más independiente posible en los diferentes escenarios que encontrarán en la vida diaria. Ese es el futuro del autismo que dependerá de igual manera y seguirá siendo una de la tarea de padres y familiares sirviendo de enlace, de fuente de información y de presión para que cada día el autismo sea menos invisible y con más soluciones para quienes lo padecen.

Bibliografía

Anderson, J, R (1982).Acquisition of cognitive skill. Psychological Review.

Anderson J, R (1974).Retrieval of propositional information from long-term memory. Cognitive Psychology.

Bachrick, H.P.(1979). Maintenance of Knowledge: Questions about memory we forgot to ask. Journal of experimental Psychology: General.

Brauner, A. (1981).*Vivir cons un niño autístico.* Paidós, Barcelona.

Baddeley, A.D (1986). Working memory. Oxford: Oxford University Press.

Beeman, M.J., y & Bowden, E, M.(2000). The right hemisphere maintains solution – related activation for yet –to be solved problems. Memory & Cognition.

Bruck, M., Ceci, S. J. (1997). The suggestibility of young children. Current Directions in Psychology.

Coltheart, M., Rastle, K., Perrt, C., Langdon. & Siegler, J. (2001). DRC: A dual Route cascaded model of visual word recognition and reading aloud. Psychological Review.

Conrad, C. (1972). Cognitive economy in semantic memory. Journal of Experimental Psychology.

Cooper, L.A., &Lang, R. (1996). Imagery and visual-spatial representations.

Cornoldi, D. & de Beni, R. (1991). Memory of discourse: Loci mnemonics and the oral presentations effects. Applied Cognitive.

Cowan, N. (1988). Evolving Conceptions of memory storage, selective attention, and their mutual constraints within the human information -processing system.

Craik, F.I.M., & Watkins, M.J. (1973). The role of rehearsal in short -term memory, Journal of verbal Learning and verbal Behavior.

Deakin,J. M., & Allard, F. (1991). Skilled memory in expert figure skaters. Memory and Cognition.

Demers, R.A., (1988). Linguistics and animal communication. In F. J. Newmeyer (ED), Language: Psychological and biological aspects.

De Mayer, M. (1983).*Autismo: Padres e hijos.* Marfil, Alcoy.

Di Lollo, V. (1980) . Temporal Integration in visual memory,. Journal of experimental Psychology: General.

Dodson, C.S., & Schachter, D.L., (2001a)." If I had said it, I would have remembered it": Reducing false memories with a distinctiveness heuristic.

Dominowski, R, L., & Jenrick, R. (1972). Effects of hints and interpolated activity on solution of an insight problem.

Duncker, K. (1945). On Problem solving, Psychological Monographs.

Easterbrook, J.A. (1959) the effect of the emotion on cue utilization and the organization of behavior.

Edelman, S., &Bulthoff, H.H.(1992). Orientation dependence in the recognition of familiar and novel views of three-dimensional objects.

Eich, E., & Metcalfe, J. (1989). Mood- dependent memory for internal events. Journal of Experimental Psychology: Learning, memory, and Cognition.

Ellis, A.W.(1984) . Reading, writing, and dyslexia: Cognitive analysis.

Engle, R, (202). Working memory capacity as executive attention. Current Directions in Psychological Science.

Erickson, R.P (1982),. Studies on the percepción of taste. Do primaries exist?

Ericsson, K.A. (1985). Memory skill. Canadian Journal of Psychology.

Ericsson, K.A., & Kintsch, W. (1995). Long –term working memory.

Evans, J.B.T. (2003). In two minds: Dual-process accounts of reasoning, Trends in Cognitive Sciences.

Fabiani, D., Stadler, R., & Wessels. F (2000). True but not false memories produce a sensory signature in human lateralized brain potentials.

Finke, R.A., & Shepard, R.N (1986). Visual functions of mental imagery.

Fisher, R.P., & Geiselman, R.E. (1992). Memory-enhancing techniques.

Fivush, R. (1991). Gender and Emotion in mother/child conversations about the past.

Friederici, A.D (1983). Children's sensitivity to function words during sentence comprehension.

Frith, U. (1991).*Autismo*. Alianza, Madrid.

Fundación Once (1998).*La Esperanza no es un sueño. Actas del V Congreso Internacional Autismo-Europa*. Fundación Once, Madrid. (Este libro se distribuye gratuitamente a través de la Fundación Privada Congost-Autisme).

Gardiner, J.M (1988). Funtional aspects of recollective experience. Memory and Cognition.

Gaskell, M.G., & Marslen- Wilson.W.D. (2001). Lexical ambiguity resolution and spoken word recognition.

Gelman, S.A. (2003) the essential child: Origins of essential child: Origins of essentialism in everyday thought. New York: Oxford University Press.

Gernsbacher, M.A (1989). Mechanisms that improve referential access.

Glenn, C.G. (1978). The role of episodic structure and of story length in children's recall of simple stories. Journal of Verbal Learning and Verbal Behavior.

Herz, R. S., & Cupchik, G.C. (1992). An experimental characterization of odor-evoked memories in humans.

Hobson, P. (1995).*El autismo y el desarrollo de la mente.* Alianza, Madrid.

Hodgdon, L.A., M.E.D., CCC-SLP. (1999).*Solving behavior problems in autism. Improving communicate on with visual strategies.* Quirk Roberts, Troy, MI.

Hulme, C., Roodenrys, S., Brown, G., & Mercer, R (1995). The role of long term memory mechanisms in memory span.

Jenkins, J.J (1979). Four points to remember: A tetrahedral model of memory experiments. In L.S. Cermak & F.I.M. Craik (Eds), Levels of processing in human memory.

Johnson, M.K. Foley, M. A., Suengas, A, G., & Raye, C. L,. (1988). Phenomemental characteristics of memories for perceived and imagined autobiographical evens.

Jonides, J., & Smith. E.E. (1997). The architecture of working memory, In M.D. Ruggs (Ed), Cognitive neuroscience. Sudies in cognition.

Klatzky, R.L., & Lederman, S.,J & Metzger. V.A. (1985). Identifying objets by touch: An "Expert system "Perception & Psychophysics.

Karasik, P. &Karasik, J. (2003).*The ride together. A brother and sister's memoir of autism in the family.* Washington Square Press, New York.

Kohnken, G., Milne, R., Memon, A., &Bull, R. (1999). The cognitive interview: Ameta-analysis. Psychology.

Kosslyn, S.M (1975). Information representation in visual images. Cognitive Psychology.

Lorna Wing, M.D. (2001).*The autistic spectrum: A parents' guide to understanding and helping your child.* Ulysses Press, B Berkeley, Calif.

Riviere, A. (1999).*Autismo.* Pirámide, Madrid.

Rutter, M. & Schopler, E. (1984).*Autismo.* Alhambra, Madrid.

Stock Kranowitz, C., M.A. (2003).*Out-of-sync child has fun. Activities for kids with sensory integration dysfunction.* Berkley Pub., New York.

www.ingramcontent.com/pod-product-compliance
Lightning Source LLC
LaVergne TN
LVHW010932110826
845149LV00013B/2555

* 9 7 8 0 9 8 4 8 0 0 0 5 6 *